Theo von Taane

FUNCRAFT
Die besten inoffiziellen Witze für Minecraft Fans

KEIN OFFIZIELLES MINECRAFT-PRODUKT.
NICHT VON MOJANG GENEHMIGT ODER MIT
MOJANG VERBUNDEN.

Bibliografische Information der Deutschen Nationalbibliothek:
Die Deutsche Nationalbibliothek verzeichnet diese Publikation in der Deutschen Nationalbibliografie; detaillierte bibliografische
Daten sind im Internet über http://dnb.dnb.de abrufbar.

© 2017 Theo von Taane; 4. Auflage
Covergrafik, Texte & Illustrationen © Theo von Taane

Herstellung und Verlag: BoD – Books on Demand, Norderstedt

ISBN: 9783743193192

WITZEKATEGORIEN   Seite

Bevölkerungsexplosion bei **Creepers**!	5
Enderman ist Schornsteinfeger?!!	7
Zombies! Totgesagte leben länger!	11
Wie **Steve** das Legoland rettet!	16
Ghast schließt Pakt mit Feuerteufel!	22
Benimm Regeln für die **Kuh**	24
Ozelot spricht sein erstes Wort!	27
Schwein besucht Schnitzelfriedhof!	28
Enderdragon nun Kaminanzünder	29
Studie: Lautes **chatten** ungesund!	30
Alles! Bloß nicht diese **Antworten**!	38
Minecraft mal rückwärts gespielt!	43
Multi: Einer für alle, **alle** für keinen?!	49
Kekszwang und andere **LOL-Regeln**	51
Hier werden sie **gehilft**! Verstanden?!	53
Striptease. **Skelette** zeigen alles!	55

Bevölkerungsexplosion bei Creepers!

Ein Creeper zum anderen: „Ich hab Platzangst."

—

Frage: Hast du von dem Creeper gehört, der zur Party ging?

Antwort: Er war vollkommen durchgeknallt!

—

Frage: Warum hassen sich Creepers gegenseitig?

Antwort: Weil sie sich auch weiterhin andauernd anzischen.

–

Frage: Was bekommt man, wenn man einen Creeper mit einem Enderman kreuzt?

Antwort: Eine teleportierende Bombe!

–

Frage: Wie nennt man einen explodierten Creeper?

Antwort: Tot.

Enderman ist Schornsteinfeger?!!

Anrufbeantworter von Enderman:

Dies ist der Anrufbeantworter von Enderman. Ich bin zur Zeit zum spontanen Flash-Mob-Starren in der Stadt unterwegs. Falls sie irgendwelche Beschwerden oder Suchmeldungen für mich haben, dann sprechen sie bitte nach dem nächsten Schweigen.

-

„Endermann sucht jemanden, der schön, lustig und beliebt bei allen ist. Du brauchst keine Angst zu haben. Du bist sicher!

Aber wo soll ich mich verstecken?"

—

„Also Enderman, du bist wirklich die Krone der Erschöpfung!"

—

Frage: Woran erkennt man, dass Enderman im Schlafzimmer ist?

Antwort: An dem großen ‚E' auf seinem Schlafanzug.

—

Frage: Was sagst du, wenn du deinen Diamant-Block während der Nacht herumschweben siehst?

Antwort: „Lass ihn fallen, Enderman!"

—

Enderman beim Psychologen.

„Herr Doktor, ich glaube alle Leute hassen mich!"

Meint der Doktor:

„Aber Enderman, das geht doch gar nicht... Es kann dich ja nicht jeder kennen."

—

Frage: Was denkt Enderman?

Antwort: „Gott ist groß, der Mensch ist klein, ich muss wohl dazwischen sein..."

—

Frage: Was ist schwarz und weiß und rollt über das Ende von der Brücke?

Antwort: Ein Enderman und ein Huhn kämpfen um ein Stück gekochtes Schweinefleisch.

—

Frage: Was tust du, wenn du einen Enderman blutend auf deinem Rasen siehst?

Antwort: Aufhören zu lachen und ein restart von Minecraft durchführen.

—

Frage: Wie macht man aus einem Zombie einen Enderman?

Antwort: Pack den Zombie, schmeiß ihn in den Ofen und stelle diesen auf 240 Grad mit 2 Tagen Garzeit ein.

Zombies! Totgesagte leben länger!

Zwei Zombies fallen vom Dach.

Der eine ist tot und der andere hat den Sturz überlebt….

—

Drei Zombies stehen auf der Brücke. Der erste Zombie springt und ist tot. Der zweite Zombie springt und ist tot. Der dritte Zombie springt, überlebt, klettert wieder nach oben, springt wieder … und ist tot.

—

Anrufbeantworter der anonymen Zombies:

Hier ist der Anrufbeantworter der anonymen Zombies. Bitte stöhnen sie laut ein „Braaaaaaaiiiiiiiiiin" nach dem Piepton.

-

Frage: Was lieben Zombies in der Dusche?

Antwort: Head and Shoulders

-

Frage: Auf welche Weise steigt ein Zombie die Treppe runter?

Antwort: Stück für Stück

-

Frage: Was macht ein Zombie auf der Party?

Antwort: Tanzen bis die Fetzen fliegen.

—

Frage: Was ist ein Zombie in der Badewanne?

Antwort: Eine Brausetablette

—

Frage: Was macht ein Zombie aus einem Arzt?

Antwort: Einen HotDoc

—

Frage: Was macht ein Zombie beim Fußball?

Antwort: Er fault

—

Frage: Was macht ein Zombie mit seiner Freundin beim ersten Treffen?

Antwort: Er vernascht sie.

—

Frage: Wie nennt man ein ehemaliges Zombie-Foto-Modell?

Antwort: Ein Skelett.

—

Frage: Warum wollen Zombies keine Clowns essen?

Antwort: Weil die so komisch schmecken.

—

Frage: Was ist ein Zombie mit grauen Haaren?

Antwort: Eine Pusteblume

—

Frage: Woran erkennt man, dass ein Zombie vom Hochhaus gesprungen ist?

Antwort: Die Füße stehen noch oben.

Wie Steve das Legoland rettet!

„Nein Steve, du bist nicht hässlich. Stell dir einfach vor, du bist ein wunderschönes Äffchen."

-

Frage: Wohin ging Steve, als der Creeper neben ihm explodierte?

Antwort: Überall hin.

-

„Klopf, klopf"

„Wer da?"

„Huhuuuh!"

„Warte, bist du das schon wieder, Eule?"

—

Frage: Wie nennt man Steve, wenn er wieder Schafe verhauen hat?

Antwort: Ein Mähdrescher.

—

Es lässt den Steve gar nicht ruh'n, wenn morgens schon die Hähne muh'n.

—

Frage: Was macht Steve, wenn er eine Schlange sieht?

Antwort: Er stellt sich hinten an.

—

Sagt ein Minecraft-Spieler zum anderen:

„Steve, warum kommst du denn so spät?"

Darauf der andere:

„Ich musste erst noch die Schafe aus meiner Wohnung treiben, die ich beim Einschlafen gezählt hatte."

—

Frage: Was denkt sich Steve auf der Party, als er ein hübsches Mädchen sah?

Antwort: Die grabe ich an!

—

Steve tut mir Leid. Warum?

- Er wird von weiß Gott wieviel Leuten benutzt.
- Er kann nicht sein Aussehen bestimmen, da die Leute andauernd sein Skin wechseln.
- Er kann sich keinen Schinken braten
- Er hat keine echten sozialen Kontakte
- Er kann seine Arme nicht beugen
- Und er kann auch nicht sagen wie alt er ist.

-

Frage: Warum konnte Steve kein Buch über seine Abenteuer schreiben?

Antwort: Er hatte zu viele Schreib**block**aden!

—

Frage: Warum lacht Steve niemals über Minecraft Witze?

Antwort: Weil er so ein kantig-steifer Typ ist.

—

Frage: Was macht Steve wenn er keine Wolle für ein Bett findet?

Antwort: Er gräbt sich runter zum **Bed**rock.

(bed = Bett)

—

Frage: Warum jagt Steve die Kuh?

Antwort: Weil er sein Wurstbrot vergessen hat.

—

Frage: Warum kann Steve kein Fahrrad fahren?

Antwort: Weil er keinen Daumen zum Klingeln hat!

—

Sagt Steve zu Notch: „Wie teilen wir jetzt die Pizza?"

Antwortet Notch: „Ich krieg alles und du den Rest."

Ghast schließt Pakt mit Feuerteufel!

Frage: Warum können Ghasts fliegen?

Antwort: Weil es einfacher ist, als zu Fuß zu gehen.

-

Frage: Welches ist das bevorzugte Land eines Ghasts?

Antwort: Die Niederlande!

(engl. Nether-Lands)

-

„Deine Mudda ist einst ins Nether gegangen. Das ist der Grund warum alle Ghasts weinen!"

—

Neulich im Nether

„Oh Gott. Diese ganze Lava überall...

Ich bin ein Ghast ..."

—

Frage: Was ist der Unterschied zwischen Griefers und Ghasts?

Antwort: Ghasts hören auf zu weinen wenn du sie das erste Mal tötest.

—

Frage: Welches ist der Lieblingssong eines Ghasts?

Antwort: Fireball!

Benimm Regeln für die Kuh

Frage: Was sagte die Kuh zum Creeper?

Antwort: Muhhh Muhhhhhhh!

—

Kühe in Minecraft hören am liebsten Muhhhhsik!

—

Frage: Wie unterscheiden sich die Kühe in Minecraft?

Antwort: Je größer desto Muhhhh!

—

Treffen sich zwei Minecraft-Kühe auf der Weide.

Sagt die eine: „Na, du!"

Fragt die andere: „Warum gerade ich?"

—

Stehen zwei Minecraft-Kühe auf der Weide.

Sagt die eine: „Muhhh!"

Sagt die andere: „Das wollte ich auch grade sagen."

—

Stehen drei Minecraft-Kühe auf der Weide.

Sagt die eine: „Muhhh!"

Sagt die Zweite: „Muh. Muhhh!"

Sagt die Dritte zur Ersten: „Komm, lass uns gehen, die redet zu viel."

—

Frage: Warum kannst du keine Minecraft-Kühe sehen, die sich auf Bäumen verstecken?

Anwort: Weil sie richtig gut darin sind.

Ozelot spricht sein erstes Wort!

Frage: Was sagte der Ozelot zum Enderman?

Antwort: Gar nichts!

—

Sitzen zwei Ozelots am Abgrund. Sagt das eine: „Spring!", sagt das andere: „Nein!"

—

Frage: Warum trägt das Ozelot rote Socken?

Antwort: Weil die Grünen in der Wäsche sind!

Frage: Warum schwimmt das Ozelot auf dem Rücken?

Antwort: Damit die roten Socken nicht auch noch nass werden!

Schwein besucht Schnitzelfriedhof!

Das Schwein legt sich zur Ruhe in des Stevens Tiefkühltruhe.

—

Frage: Was ist das Lieblings Müslibestandteil von Pigman ?

Antwort: Golden nuggets.

Enderdragon nun Kaminanzünder

Treffen sich zwei Enderdragon ...

—

„Ich warne dich, ich kann Deathmatch, Monsterkill und headshots und noch 35 andere gefährliche Worte."

—

Fragt ein Minecraft-Spieler den Enderdragon:

„Haste mal Feuer?" darauf der Enderdragon:

„Steck dir doch einen Finger ins Auge, das brennt auch."

—

Studie: Lautes chatten ungesund!

Ein Minecraft-Spieler zum anderen: Leg doch bei deinem Haus noch eine Blockreihe oben drauf."

Der andere: „Wieso?"

„Dann ist es höher."

—

Ein Minecraft-Spieler zu seinem Teamfight-Partner:

„Also, deine Freundin muss mit dir ja total zufrieden sein."

Darauf der andere: „Wieso?"

„Na, wenn du nachher nach Hause kommst, bist du völlig ausgeschlafen."

—

„Wieso holst du mich so früh in die Deathmatch Session? Es ist Sonntag! 16 Uhr morgens!!"

—

Chatten zwei Minecraft-Spieler während der Session. Fragt der eine: „Weißt du den Wievielten wir heute haben?"

Antwortet der andere:

„Schau doch in der Zeitung nach." Darauf wieder der Erste:

„Das bringt nichts, die ist von gestern."

—

Vor dem Spielen von Minecraft mit anderen Minecraftern, kannte ich keine Fremden.

—

„Habe heute ein Haus mit einem Dach aus Sand gebaut."

—

„Ich wette, Katzen haben eine geheime Website, wo sie Videoclips hochladen von niedlichen Menschen, die gerade probieren, Gebäude in Minecraft zu bauen."

—

„Mein Minecraft Teamplayer-Partner sagt mir, dass ich alles, was er mir chattet, zu meinen Vorteil drehe. Ich denke, das ist ein Kompliment."

—

„Ich verstecke die Videoclips, die ich gemacht habe, als ich Tiere in Minecraft gestreichelt habe. Ich habe die Videodateien unter den Namen Feuerwerk und Staubsauger auf meinem PC gespeichert, so dass mein Hund sie nicht finden kann."

—

An Halloween habe ich meinen Hund in Minecraft ein Katzen-Skin verpasst und jetzt kommt er nicht mehr, wenn ich ihn rufe.

—

Ein Minecraft-Spieler zum anderen:

„Ich habe immer Probleme mich an drei Dinge zu erinnern: Skins, Namen, und ich kann mich nicht erinnern was das Dritte war..."

—

„Eine meiner stolzesten Momente war, als die Anmeldeseite von Minecraft mir mitteilte, dass mein Passwort ‚very strong' ist."

—

In einer Deathmatch Session ein Minecraft-Spieler zum anderen: „Du bewegst dich so elegant wie ein Puma oder wie heißt nochmal das Tier mit dem grauen Rüssel?"

—

Nachts ist's kälter als draußen. Deswegen werden die Häuser in Minecraft auch nach innen gebaut.

—

Minecraft-Spieler:

„Ich lebe in meiner eigenen geschaffenen Welt, aber das ist ok – man kennt mich dort."

—

Informiert ein Minecraft-Spieler:

„Mein Name ist Frank. Das ‚L' steht für Gefahr."

—

Ein Minecraft-Spieler zum anderen: „Also wenn du dein Schloss fertig bauen möchtest, musst du bestimmt noch um die 10.000 Blöcke verlegen. Aber ich habe eine gute Nachricht für dich."

Fragt der andere: „Welche denn?"

Antwortet wieder der Erste:

„Es sind noch genügend Bausteine da."

—

„Meine Vorhersage für den nächsten Nachtzyklus in Minecraft:

Es wird dunkel."

—

Kommentiert ein Minecraft-Spieler:

„Erwachsenwerden? Ich mach ja sonst alles Mögliche mit, aber nun wirklich nicht jeden Blödsinn!"

—

Sagt ein Minecraft-Spieler:

„Ich habe 7 Hobbies: Minecraft."

—

Sagt ein Minecraft-Spieler zu einem anderen:

„Du bist neu hier in Minecraft? Willkommen in der Realität, darf ich dich ein wenig rumführen?"

—

Jubelt ein Minecraft-Spieler:

„Yippie! Geschafft! Ich habe Minecraft komplett durchgespielt!"

Alles! Bloß nicht diese Antworten!

Frage: Was ist der Nationalsport in Minecraft?

Antwort: Boxen!

—

Frage: Wie kann man einen Minecraft-Fan ablenken?

Antwort: Stelle ihn in einen Raum gefüllt mit leeren Pappkartons.

—

Spieler 1: Weißt du, welcher Seed einfach zu finden, aber schwierig aufzunehmen ist?

Spieler 2: Nein, welcher denn?

Spieler 1: Ob-Seed-ian

—

Frage: Wie starten Geschichten über Minecraft?

Antwort: Es spawnte einmal, vor langer Zeit…

—

Sitzt du auf einer einsamen Insel fest?

Bleib ruhig und schlage gegen Holz.

—

Frage: Was bekommst du, wenn du einen Baum schlägst?

Antwort: Ein gebrochenes Handgelenk, wenn du nicht in Minecraft bist.

—

Frage: Was ist flach und eckig?

Antwort: Ein Minecraft Witz.

—

Frage: Wo lagert ein Minecraft-Fisch sein Geld?

Antwort: In einer Sandbank!

—

Frage: Warum gibt es ein Meer in Minecraft

Antwort: Damit die Fische nicht stauben!

—

Frage: Warum müssen Minecraft-Spieler um 7 Uhr aufstehen?

Antwort: Weil um 8 die Läden schließen.

—

Frage: Warum machen Lohe (blazes) niemals Geschäfte?

Antwort: Weil sie nicht damit aufhören können, Leute zu (be)feuern.

Frage: Warum macht Minecraft jeden unsozial?

Antwort: Es lässt jeden sagen: „Mine, mine, mine…!"

(Doppelbedeutung: mine = *die Mine* aber auch mine = *meiner | meine | meines*)

Minecraft mal rückwärts gespielt!

„Wenn man Minecraft rückwärts spielt, kann man satanische Verse hören!"

—

Werbung für eine Deathmatch-Session in Minecraft:

„Kommt zu uns in die Deathmatch-Session. Lerne zu schießen und *treffe* neue Freunde!"

—

Sagt ein Minecraft-Baum zum anderen:

„Komm, lass uns gehen, sonst schlagen wir noch Wurzeln."

-

Treffen sich zwei Minecraft-Spieler in einer Deathmatch-Session.

Beide tot.

-

Zwei Minecraft-Spieler finden eine sonderbar aussehende Kanone. Der eine guckt in den Lauf und der andere fummelt am Abzug und drückt ab. Dann sieht er seinen Kollegen an und sagt:

Musst nicht so Scheiße gucken, habe mich auch erschrocken!"

-

Frage: Was hat das Minecraft-Hühnchen wenn es auf einen Misthaufen fällt?

Antwort: Kotflügel.

—

Neulich im Game-Store um die Ecke: „Haben sie Minecraft 1.8?"

Darauf der Verkäufer:

„Wieso? Haben sie Version 1.7 etwa schon durchgespielt?"

—

Die Minecraft-Baustelle starrt mich herausfordernd an. Ich starre zurück, ohne den Blick zu verlieren. Ich schiebe mir langsam ein Stück Schokolade in den Mund.

Gewonnen!

—

4 von 3 Minecraft-Spielern haben Probleme mit Mathematik.

—

Spruch auf einer langweiligen Minecraft-Party.

„Das ist mir hier zu langweilig. Da gehe ich ja lieber zum Briefkasten, da geht wenigstens die Post ab."

—

Treffen sich zwei Minecraft-Spieler nach dem Wochenende, fragt der eine:

„Und wie war dein Wochenende im neuen Nordpol Biom?"

Antwortet der andere:

„Hell, dunkel, hell, dunkel, Montag!"

—

Unterhalten sich zwei Minecraft-Fackeln, sagt die eine zur anderen:

„Ist Wasser eigentlich gefährlich?"

Antwortet die andere:

„Da kannst du von ausgehen."

—

Ein Mann kommt in einen Game-Store:

„Ich suche ein spannendes Grafik-Adventure Spiel, das mich auch

noch nach Wochen so richtig fordert!"
Antwortet der Verkäufer:

„Wie wäre es denn mit Minecraft?"

Darauf wieder der Mann:

„Ich rede nicht von meinem Leben, ich meine ein Spiel!"

—

Wenn die Zahl 13 in Minecraft Unglück bringt, dann sind die Zahlen 12 und 14 mit verantwortlich, da sie in direkter Relation zur 13 stehen.

—

...und dann war da noch das Minecraft-Zebra, das freiwillig hinter Gittern sitzen wollte, um wie ein weißes Pferd auszusehen.

—

„Ich habe hier einen Plan zum Bau eines 1000 Blöcke hohen und 5 x 5 Steine breiten Turms."

Alle machen sich an die Arbeit und bauen wie wild. Als sie die Hälfte der Höhe erreicht haben, sagt plötzlich der Erste:

„Kommando zurück! Ich habe den Plan verkehrt herum gehalten. Es sollte ein Brunnen werden!"

Multi: Einer für alle, alle für keinen?!

Abenteuer im Multiplayer Modus

Alle Minecraft-Spieler....

… stehen vor dem Abgrund, außer Peter der geht noch 'nen Meter.

… stehen vor dem brennenden Haus, außer Klaus, der guckt raus.

… sitzen vor dem Lagerfeuer, außer Brigitte, die sitzt in der Mitte.

… spielen Ritter, außer Gerd, in dem steckt ein Schwert.

… überlebten die Deathmatch-Session, nur nicht Renate, die fing die Granate.

… sitzen im Flugzeug, außer Bella, die hängt am Propeller.

… gehen reiten, außer Paul, den frisst der Gaul.

… haben Haare, außer Torsten, der hat Borsten.

... rennen aus der brennenden Post, nur nicht Otto, der spielt drinnen Lotto.

... essen Lasagne, außer Ronny, der isst Pony.

...jagen den weißen Hai, außer Schröder, der ist der Köder.

Kekszwang und andere LOL-Regeln

„Ohne Orientierungssinn sieht man viel mehr von der Minecraft-Welt."

-

„Töte es, bevor es Eier legt."

Weitere goldene Minecraft-Regeln:

- Die Abkürzung ist die längste Verbindung zwischen zwei Punkten.

- Liegt ein Auge auf dem Tresen, ist ein Zombie dagewesen.

- Der Kreis ist eine geometrische Figur, bei der an allen Ecken gespart wurde.

- Teamfight: Keiner macht was er soll, jeder was er will und alle machen mit.

- Die meisten Minecraft-Spieler werden einmal das, was sie später sind.

Hier werden sie gehilft! Verstanden?!

Ruft ein Minecraft-Spieler bei der Minecraft-Hotline an wegen eines Problems mit seiner Minecraft-App. Sagt der Berater:

„Ok, sehen sie den OK-Button im unteren Teil des Displays?"

Erwidert der Minecraft-Spieler:

„Wow, wie können sie meinen Bildschirm von dort aus sehen?"

—

Anruf bei der Minecraft-Hotline:

„Ich habe gerade ihre Disk mit Minecraft erhalten, aber sie funktioniert nicht. "

Fragt die Hotline:

„Was passiert denn, wenn sie die DVD ins Laufwerk legen?"

Antwortet der Anrufer:

„Gar nichts."

Fragt wieder die Hotline:

„Was haben sie denn für ein Computersystem?"

Darauf der Anrufer:
„Ein DVD-Player für meinen Fernseher."

Ein DAU-Minecraft-Spieler ruft bei der Hotline an.

DAU-Minecraft-Spieler:„Mein Monitor geht nicht."

Helpdesk-Mitarbeiter: „Haben sie ihn denn eingeschaltet?"

DAU-Minecraft-Spieler: „Ja."

Helpdesk-Mitarbeiter: „Ok, dann schalten sie ihn bitte mal aus."

DAU-Minecraft-Spieler: „Ah, prima, jetzt geht's..."

(DAU = Dümmster Anzunehmender User)

Striptease. Skelette zeigen alles!

Kommt das Minecraft Skelett zum Arzt.

Sagt der Arzt: „Sie sind aber spät dran!"

Frage: Warum kann ein Minecraft-Skelett so schlecht lügen?

Antwort: Weil es leicht zu *durchschauen* ist.

-

Frage: Was singen Zombies und Skelette morgens beim Sonnenaufgang?

Antwort: Burn, baby burn!

(burn = brennen)

-

Ende

Weitere Bücher der FUNCRAFT-Reihe von Theo von Taane:

Titel	Alter	ISBN
Funcraft - Das beste inoffizielle Mathe Ausmalbuch für Minecraft Fans (6-10 Jahre)	6-10	9783743196919
Funcraft - Das inoffizielle Mathe Ausmalbuch: Minecraft Minis (Cover Hase)	6-10	9783734781452
Funcraft - Das inoffizielle Mathe Ausmalbuch: Minecraft Minis (Cover Zombie)	6-10	9783743163744
Funcraft - Das inoffizielle Mathe Ausmalbuch: Minecraft Minis (Cover Dragon)	6-10	9783743182417
Funcraft - Das inoffizielle Mathe Ausmalbuch: Superhelden im Minecraft Skin (Cover Batman)	6-10	9783743192904
Funcraft - Das inoffizielle Mathe Ausmalbuch: Superhelden im Minecraft Skin (Cover Superman)	6-10	9783743192836
Funcraft - Das inoffizielle Witzebuch für Minecraft Fans	8-14	9783743192539
Funcraft - Noch mehr inoffizielle Witze für Minecraft Fans	8-14	9783743192607
Funcraft - Die besten inoffiziellen Witze für Minecraft Fans	8-14	9783743193192
Funcraft - Die lustigsten inoffiziellen Witze für Minecraft Fans	8-14	9783743195240
Funcraft - Das inoffizielle Rätselbuch für Minecraft Fans	8-14	9783743195387
Funcraft - Noch mehr inoffizielle Rätsel für Minecraft Fans	8-14	9783743195400
Funcraft - Das inoffizielle Offline Spielebuch für Minecraft Fans	8-14	9783743195424
Funcraft - Das inoffizielle Quizbuch für Minecraft Fans	8-14	9783741291203
Funcraft - Noch mehr inoffizielle Quizfragen für Minecraft Fans	8-14	9783739235592
Funcraft - Das inoffizielle Rekordebuch für Minecraft Fans	8-14	9783743165502
Funcraft - Das inoffizielle Hausaufgabenbuch für Minecraft Fans	8-14	9783743177666
Funcraft - Aufstand in Germanien (Ein Minecraft inspirierter Roman)	12-99	9783743196858
Funcraft - Eiszeitjäger: Auf der Fährte des Löwen (Ein Minecraft inspirierter Roman)	12-99	9783743196865
Funcraft - Das beste inoffizielle Notizbuch (liniert) für Minecraft Fans	6-99	9783743196872
Funcraft - Das inoffizielle Notizbuch (kariert) für Minecraft Fans	6-99	9783743196889
Funcraft - Frohes Neues Jahr an alle Minecraft Fans! (inoffizielles Notizbuch) - Das	6-99	9783743196896
Funcraft - Fröhliche Weihnachten an alle Minecraft Fans! (Inoffizielles Notizbuch)	6-99	9783743196902
Passwort Logbuch für Minecraft Fans	6-99	9783743163928
Pokefun - Das inoffizielle Witzebuch für Pokemon GO Fans	6-99	9783743109780
Pokefun - Das inoffizielle Quizbuch für Pokemon GO Fans	6-99	9783743109827
Pokefun - Das inoffizielle Notizbuch (Team Rot) für Pokemon GO Fans	6-99	9783743109841
Pokefun - Das inoffizielle Notizbuch (Team Gelb) für Pokemon GO Fans	6-99	9783743109858
Pokefun - Das inoffizielle Notizbuch (Team Blau) für Pokemon GO Fans	6-99	9783743109865
Pokefun - Das absolut inoffizielle Notizbuch für Pokemon GO Fans	6-99	9783743109834
Weltbester Radfahrer - Notizbuch	6-99	9783738610161
Weltbester Inline Skater - Notizbuch	6-99	9783738610178
Weltbester Skifahrer - Notizbuch	6-99	9783738610185
Weltbester Snowboarder - Notizbuch	6-99	9783738610192
Weltbester Sportler - Notizbuch	6-99	9783738610208
Weltbester Surfer - Notizbuch	6-99	9783738610215
Weltbester Taucher - Notizbuch	6-99	9783738610222
Weltbester Tennisspieler - Notizbuch	6-99	9783738610239
Weltbester Volleyballer - Notizbuch	6-99	9783738610246
Weltbester Wassersportler - Notizbuch	6-99	9783738610253

Sport Notiz- und Taktikbücher von Theo von Taane:

- Basketball Notiz- und Taktikblock
  ISBN: 9783734748110
- Eishockey Notiz- und Taktikblock
  ISBN: 9783734748387
- Feldhockey Notiz- und Taktikblock
  ISBN: 9783734748844
- Fußball Notiz- und Taktikblock
  ISBN: 9783734748851
- Futsal Notiz- und Taktikblock
  ISBN: 9783734748868
- Handball Notiz- und Taktikblock
  ISBN: 9783734748875
- Lacrosse Damen Notiz- und Taktikblock
  ISBN: 9783734748882
- Lacrosse Herren Notiz- und Taktikblock
  ISBN: 9783734748905
- Korbball Notiz- und Taktikblock
  ISBN: 9783734748936
- Schach Notiz- und Taktikblock
  ISBN: 9783734748950
- Squash Notiz- und Taktikblock
  ISBN: 9783734748974
- Tennis Notiz- und Taktikblock
  ISBN: 9783734746406
- Tischtennis Notiz- und Taktikblock
  ISBN: 9783734748967
- Volleyball Notiz- und Taktikblock
  ISBN: 9783734748981

Motiv Notizbücher von Theo von Taane:

Titel	ISBN
Weltbeste Tennisspielerin	9783738610055
Weltbester Angler	9783738610062
Weltbester Bauarbeiter	9783738610079
Weltbester Eishockeyspieler	9783738610086
Weltbester Gärtner	9783738610093
Weltbester Golfer	9783738610109
Weltbester Jäger	9783738610116
Weltbester Judokämpfer	9783738610123
Weltbester Karatekämpfer	9783738610130
Weltbester Kraftsportler	9783738610147
Weltbester Läufer	9783738610154
Weltbester Radfahrer	9783738610161
Weltbester Inline Skater	9783738610178
Weltbester Skifahrer	9783738610185
Weltbester Snowboarder	9783738610192
Weltbester Sportler	9783738610208
Weltbester Surfer	9783738610215
Weltbester Taucher	9783738610222
Weltbester Tennisspieler	9783738610239

...weitere Titel verfügbar und aktuell in Vorbereitung.

Von Theo von Taane gibt es weit mehr als 200 Witzebücher, Notizbücher, Romane, Spiele, Tools, Sportbücher und Kalender. Im Store einfach mal nach „Theo Taane" suchen.

Archäologische Sensation!

Minecraft-Bausatz aus Steinzeit entdeckt: